FACULTÉ DE THÉOLOGIE DE PARIS.

OUVERTURE DES COURS

LE 7 DÉCEMBRE 1863.

DISCOURS DE M. L'ABBÉ HUGONIN

PROFESSEUR A LA FACULTÉ ;

RAPPORT DE MGR L'ÉVÊQUE DE SURA

DOYEN DE LA FACULTÉ ;

ALLOCUTION DE MGR L'ARCHEVÊQUE DE PARIS.

PARIS.
TYPOGRAPHIE DE JULES DELALAIN
IMPRIMEUR DE L'UNIVERSITÉ
RUE DES ÉCOLES, VIS-A-VIS DE LA SORBONNE.

1864

Les cours de la Faculté de théologie ont été ouverts, dans l'église de la Sorbonne, le 7 décembre 1863, à midi.

Monseigneur l'Archevêque de Paris a bien voulu présider la cérémonie. Aussitôt après sa réception solennelle, le prélat, arrivé au pied de l'autel, a entonné le *Veni Creator*, et la sainte Messe a commencé.

L'église était déjà remplie d'une foule nombreuse et recueillie. Dans le chœur se trouvaient des représentants du chapitre métropolitain, de celui de Saint-Denis, du corps curial et du clergé de Paris.

Les stalles étaient occupées par les professeurs et les gradués de la Faculté.

M. le Recteur et le corps académique étaient aux places d'honneur qui leur appartiennent.

Après la Messe, M. l'abbé Hugonin, doyen de Sainte-Geneviève, supérieur de la Maison des hautes études ecclésiastiques et professeur de dogme à la Faculté, est monté en chaire, et a prononcé le discours suivant :

MESSEIGNEURS, MESSIEURS,

Un des caractères du mouvement imprimé aux esprits à notre époque, c'est une tendance à séparer la société religieuse de la société civile, l'Église de l'État, la religion de la science. On a vu, dans la sécularisation de la société civile le principe de la liberté de conscience, dans la sécularisation de la science, le principe de la liberté de penser, et dans l'usage de ces deux libertés, l'émancipation des peuples modernes, leur progrès social, leur maturité. Mais cette double sécularisation, que nous constatons comme un fait, et dont nous n'examinons pas la valeur, doit-elle faire naître une opposition hostile entre la société civile et la société religieuse, entre la science et la religion? La liberté de conscience est-elle inconciliable avec l'autorité ecclésiastique, et la liberté de pensée avec la foi religieuse? Quand on est dévoué à l'Église et qu'on s'intéresse à tout ce qui peut relever la dignité de l'homme et augmenter sa félicité, on ne peut demeurer indifférent à ces problèmes.

Il y a deux ans, dans une solennité semblable, en présence de S. Ém. le cardinal Morlot, dont la mémoire sera toujours vénérée parmi nous, notre illustre doyen nous exposait, dans un discours devenu célèbre, avec l'autorité de son expérience, avec cette élévation de pensée, cette gravité de langage et cet accent de conviction profonde, qui donnent tant de force à sa parole, l'épreuve moderne de l'Église au milieu de ces transformations sociales qui agitent les esprits et qui troublent les cœurs, et il en déduisait les obligations spéciales de la Faculté de théologie.

Nous n'avons pas oublié ses conseils, et mon intention n'est pas de les rappeler à votre souvenir. J'ai cru seulement, qu'en m'associant à la pensée de conciliation qui les avait inspirés, il ne serait pas sans intérêt de vous présenter la défense et de vous faire l'éloge de la théologie, comme l'année dernière, à peu près à pareil jour, une voix, qui nous est chère, vous faisait l'éloge des théologiens. Je me propose de vous montrer que la théologie est encore possible et utile, et qu'elle n'a rien à craindre ni des progrès de la science ni des progrès de la liberté.

I.

La sécularisation de la science, si ardemment poursuivie par notre siècle, et regardée comme une conquête des temps modernes, ne doit-elle pas amener la ruine de la théologie? ne contraindra-t-elle pas au moins le théologien à se renfermer dans le sanctuaire, avec un petit nombre d'initiés recueillis parmi la foule ignorante et arriérée, et à renoncer à toute influence sur les progrès de l'esprit humain et sur l'avenir des peuples? En un mot, la théologie n'appartient-elle pas à une forme sociale qui a vieilli et qui s'en va tous les jours, et ne doit-elle pas faire place à la philosophie, science plus libérale, et qui répond mieux aux progrès de la civilisation?

A la fin du siècle dernier, le sensualisme spéculatif et pratique avait à peu près étouffé, même dans des âmes d'élite, le sentiment religieux. La religion était traitée comme une superstition, née de l'ignorance et entretenue par la crédulité. Son étude était jugée indigne d'un homme grave et surtout d'un philosophe. On se faisait gloire de la mépriser : c'était faire preuve d'un esprit fort et libéral. La sécularisation de la science, c'était alors l'anéantissement de toute religion. La théologie n'était pas possible, parce qu'elle n'avait pas d'objet.

A cette frivolité de pensée a succédé une science qui, sans doute, n'est pas sans mélange d'erreurs, mais qui est incontestablement plus sérieuse. On a compris que les religions sont un élément nécessaire de la philosophie de l'histoire; qu'elles ont eu et qu'elles ont encore une trop grande part dans la vie des peuples, pour qu'on les traite avec mépris ou même avec indifférence. On a reconnu que, parmi toutes les religions, il n'en est pas qui ait exercé une action plus universelle, plus profonde et plus bienfaisante que le christianisme, et que son histoire est devenue tout au moins inséparable de l'histoire des peuples modernes et de leur civilisation ; car c'est lui qui a veillé sur leur berceau, qui a fait leur éducation, et qui a présidé pendant des siècles à leurs glorieuses destinées.

On admet donc l'existence d'une science de la religion ou de la théologie ; on en proclame même l'importance, mais à condition qu'elle se dégagera de toute croyance surnaturelle, de tout fait miraculeux, de toute communication divine, et qu'elle ne sera plus qu'un enseignement académique et une science profane. L'idéal du théologien n'est plus saint Augustin expliquant, à l'aide des saintes Écritures et des décrets des conciles, la vie divine, ou étudiant les mystères de la grâce ; ce n'est plus saint Thomas et saint Bonaventure cherchant à découvrir les harmonies sublimes des dogmes catholiques. Le théologien moderne, tel qu'on nous le représente, est un observateur sagace qui s'élève par la pensée au-dessus de l'humanité, qui la contemple d'un œil attentif, qui suit au travers des siècles ses progrès et son développement, qui étudie les phénomènes sensibles des cultes chez les différents peuples, pour constater, sous leurs formes variables, les états et les dispositions successives de la conscience humaine. La conscience humaine, disent-ils, modifiée par des circonstances extérieures, par des événements politiques, par l'éducation, par le climat, par l'aspect des mers ou du désert, par cette force secrète, mystérieuse, nécessaire, aveugle, inexpliquée et inexplicable dont l'expansion fatale est la loi, donne naissance aux cultes divers, monothéistes ou polythéistes. Les dispositions de la conscience humaine varient et, avec elles, les religions ; toutes sont vraies, ou plutôt leur vérité est relative : il n'y a pas en matière de religion de vérité absolue. Le rôle du théologien se réduit donc à chercher, dans la religion d'hier, le germe et la cause de la religion d'aujourd'hui et la loi qui préside à ces transformations religieuses.

Dans cette opinion, la sécularisation de la science est la négation d'un dieu personnel ou du moins la négation du monde divin et surnaturel. On conserve le nom de théologie ; mais en lui donnant pour unique objet la nature et l'humanité, on l'anéantit réellement.

Enfin il en est qui professent le dogme d'un dieu personnel, qui rendent hommage à la religion catholique, à son symbole, qui l'estiment digne de respect et de vénération ; mais ils pensent que son enseignement ne peut être scientifique. La religion s'impose par l'autorité, la science se propage par la liberté ; la religion est une croyance, la science une vue de l'esprit ; on respecte la religion, on ne la discute pas ; on accepte avec docilité ses enseignements, on ne les contrôle pas ; la sécularisation de la science serait, dans ce cas, un divorce profond entre la science et la religion. La théologie serait impossible, parce qu'il ne pourrait y avoir de science religieuse. De là on arrive facilement à cette conséquence : la science pour les intelligences d'élite, la religion pour le vulgaire ; la science doit se substituer à la religion, partout où il y a progrès de la science ou progrès de la liberté.

S'il en était ainsi, cette solennité serait sans but et dérisoire. Pourquoi nous réunir dans une enceinte remplie des souvenirs d'un long et glorieux enseignement théologique ? pourquoi essayer de le faire revivre et de le perpétuer, si l'étude scientifique du dogme est impossible et si elle doit nécessairement amener l'amoindrissement de la foi ? Vos efforts, Messeigneurs, pour ranimer le goût des sciences sacrées, pour recueillir ces vieilles traditions de savoir et de dévouement à l'Église dont s'honorait l'ancienne Sorbonne, pour susciter de dignes héritiers à ces théologiens illustres dont une main habile et ferme retraçait l'année dernière, en pareille circonstance, avec tant d'érudition et de sagesse, l'intéressante histoire, ces efforts et ces désirs ne seraient-ils pas inutiles et même dangereux ? Si tout ce que vous donnez à la science vous l'enleviez à la religion, ne serait-ce pas trahir les intérêts qui vous sont confiés ? Cette sainte religion dont vous êtes les pontifes ne vous dirait-elle pas : Je vous ai faits prêtres pour le vulgaire ; priez avec les simples, charmez l'imagination des peuples par vos gracieuses légendes et par l'appareil imposant de vos cérémonies ; retenez-les le plus longtemps qu'il vous sera possible dans une douce tutelle, loin des lumières de la civilisation, et préservez-les avec sollicitude de toute aspiration vers la liberté.

L'Église, Messieurs, a-t-elle jamais tenu un pareil langage, elle qui a toujours encouragé les sciences, elle qui honore ses docteurs, comme elle honore ses pontifes et ses martyrs, elle qui compte parmi ses enfants les plus beaux génies des temps modernes?

Et nous, Messieurs, quand la mission d'enseigner publiquement la théologie nous a été confiée, nous l'avons reçue et nous l'avons remplie avec la conviction profonde que cette mission était sérieuse et honorable, et, qu'en lui consacrant notre vie, nous ne serions inutiles ni à la religion ni à la civilisation.

II.

Il est vrai, Messieurs, que la religion n'est pas une science : nous l'avouons sans peine; nous tenons même à le proclamer hautement, parce qu'il nous semble qu'on l'oublie trop souvent. On confond la religion avec la connaissance de la religion, comme on confond la science avec la vertu, l'idéal absolu avec le réel créé : erreur fréquente parmi les philosophes et qui pousse tour à tour la philosophie vers l'idéalisme, quand on absorbe le réel créé dans l'idéal absolu; vers le sensualisme, quand on absorbe l'idéal absolu dans le réel créé; vers le panthéisme, quand on rapporte l'un et l'autre à un être unique, mélange monstrueux de fini et d'infini, d'absolu et de contingent. C'est une des gloires de l'illustre et pieux Rosmini d'avoir, mieux que tous les philosophes qui l'avaient précédé, signalé cette confusion, dans ses savants ouvrages, d'en avoir indiqué avec une rare pénétration les causes profondes et montré les funestes conséquences.

Non, la religion n'est pas une spéculation de l'esprit; on ne constitue pas la religion par une observation savante ou par un raisonnement. Elle n'est pas le fruit d'un progrès scientifique ni d'un progrès social; c'est plutôt elle qui les produit : la religion est un fait divin, une réalité dans l'âme, une vie qui l'anime et la vivifie.

Si vous me demandez quelle est la nature de cette réalité, avant d'interroger la science, j'en appellerai au sens commun. Que faut-il pour qu'une religion existe? Dieu et l'homme. La religion n'existe pas avec Dieu seul ni avec l'homme seul, elle n'est pas une entité intermédiaire entre l'un et l'autre; la religion est une relation réelle qui unit Dieu et l'homme d'une union intime, mais sans les confondre, laissant entre l'un et l'autre la distance infranchissable qui sépare la cause de son effet.

Donc la religion n'est chose indifférente ni pour le vulgaire ni pour le philosophe, puisqu'elle est un élément de notre existence et de notre vie.

Donc la religion est toujours divine dans son origine, parce que toujours elle suppose une action efficace de l'activité de Dieu dans les âmes.

Donc la religion n'est pas un simple phénomène subjectif de la conscience; elle n'est pas une disposition passagère de l'âme, une impression produite et manifestée au dehors.

Donc la religion n'est pas l'état de l'âme pendant cette première période de la vie intellectuelle, période pleine d'inspiration et de poésie que les philosophes appellent l'état spontané, et qui cesse avec le développement de la raison, lorsque la réflexion et le raisonnement font passer un être intelligent à la période plus parfaite de la vie personnelle et libre.

Donc la religion est nécessaire; il ne peut pas ne pas y avoir de relation entre Dieu et l'homme. De même que, dans l'ordre des idées, le fini suppose l'infini et ne se conçoit que par lui, de même, dans l'ordre des réalités, l'imparfait suppose le parfait et ne peut exister que par lui. Une vie bornée et qui se développe suppose une vie illimitée et immuable, comme le rayon de lumière suppose le foyer lumineux, comme le ruisseau suppose la source d'où il découle. Cette relation n'est pas transitoire; l'homme n'est pas dépendant de Dieu à l'instant seul où s'accomplit l'acte créateur. Cette dépendance est permanente, elle est nécessaire; nous pouvons la méconnaître, mais jamais l'anéantir; elle est universelle, c'est-à-dire qu'elle s'étend à toute l'activité humaine. L'homme dépend de Dieu dans sa sensibilité comme dans son intelligence et dans sa volonté : il est patient sous l'action de Dieu ; et quand il agit, Dieu est le terme sinon unique, du moins seul essentiel de son activité : voilà toute sa vie ; le reste est accidentel. L'homme n'est pas possible et ne se conçoit pas sans Dieu ; mais il est possible et se conçoit avec Dieu seul, quand même toutes les autres créatures seraient demeurées dans le néant d'où elles ont été tirées.

J'insiste, Messieurs, sur cette pensée, parce qu'une des erreurs les plus dangereuses de la philosophie actuelle, une erreur contre laquelle nous protestons de toute l'énergie de nos forces, que nous combattrons à temps et à contre-temps, c'est d'établir l'homme dans une espèce d'isolement même momentané de Dieu, de lui donner le pouvoir de s'élancer ensuite vers lui par un acte personnel, libre ou fatal; de faire jaillir de sa conscience solitaire, au seul contact du monde, par je ne sais quel procédé merveilleux, la vérité qui éclaire son intelligence, la loi morale qui dirige et qui protége sa liberté ; d'en faire jaillir quelquefois Dieu lui-même ou du moins la relation qui nous unit à lui. Si l'homme peut exister un seul instant sans Dieu, s'il peut, pour me servir de l'expression d'un illustre philosophe que la faculté de théologie est fière de compter aujourd'hui dans ses rangs, s'il peut se soustraire au *contact* de Dieu, toute relation que vous supposeriez ensuite entre ces deux êtres est arbitraire; elle n'est pas nécessaire, l'expérience ne la prouve pas, la nature ne l'exige pas; l'homme peut se passer de Dieu ; Dieu n'est plus pour lui que cette divinité idéale, produit de son activité personnelle, ou la force universelle qui anime le monde. Oui, Dieu touche mon être, parce qu'il m'a créé et qu'il me conserve, parce que sa puissance me tient suspendu sur l'abîme du néant.

C'est pourquoi l'homme est un être essentiellement religieux. Il y a une religion naturelle, et cette religion est tout à la fois la relation réelle de créateur à créature qui m'unit à Dieu et les obligations qu'elle m'impose d'agir selon cette nature. Dieu est mon principe; je suis souverainement dépendant de lui ; je reconnais cette dépendance, je crois. Dieu est ma fin, parce qu'il est le souverain bien; j'aspire à lui, je le désire; j'espère le posséder; je commence à l'aimer.

La religion naturelle est donc un fait, une réalité contingente. Telle est aussi la religion surnaturelle.

III.

Dieu, après avoir créé l'univers, n'avait pas épuisé sa puissance; non-seulement il pouvait produire d'autres créatures et multiplier ses œuvres sans nombres et sans mesure, mais il avait le pouvoir de se montrer bon, libéral, magnifique à l'égard de l'homme, roi et pontife de la création ; de lui faire un don volontaire et libre, non par nécessité mais par amour, un don qui ne fût pas seulement un bien créé, mais une participation plus intime au bien incréé ; un don qui ennoblirait sa nature sans la détruire, qui le constituerait dans une dignité plus parfaite sans créer en lui de nouvelles facultés; un don qui, le laissant homme, l'élèverait au-dessus de toutes les créatures possibles qui ne partageraient pas avec lui ce bienfait. Tel est le don surnaturel. Par la création, l'homme est l'œuvre de Dieu ; il peut et il doit lui dire : Mon Seigneur et mon Maître. Par l'initiation surnaturelle, l'homme devient l'enfant de Dieu ; il peut et il doit lui dire : Mon Père. Par la création, l'homme intelligent est fait participant de la pensée de Dieu ; il peut connaître quelque chose de ses desseins ; il est associé à la réalisation de ses œuvres dans le temps. Par l'initiation surnaturelle, il est fait participant de la vie divine, *divinæ consortes naturæ*, et selon quelques graves théologiens il est associé à l'éternelle génération du Verbe et à l'éternelle procession de l'Esprit saint sans cesser d'être créature.

Voilà, Messieurs, le principe de la religion surnaturelle ; c'est un fait et non une spéculation, une réalité et non une idée. Aussi, quand Dieu a voulu l'établir dans le monde, il n'a pas confié à des philosophes le soin de cet établissement ; ce n'est pas même par la prédication qu'il a commencé son œuvre : il a d'abord posé dans l'humanité un fait nouveau, l'incarnation de son Fils, en qui une nouvelle et sublime relation s'est établie entre l'humanité et la divinité, réalisation parfaite de la religion parfaite.

Et quand Notre-Seigneur Jésus-Christ a réuni des apôtres autour de lui et qu'il les a envoyés dans le monde pour propager cette religion, il ne leur a pas dit seulement : Enseignez ; il leur a dit aussi : Baptisez. Il leur a confié une doctrine, mais il les a en même temps revêtus d'un sacerdoce et de la puissance d'agir sur les âmes et de les sanctifier.

Et quand les apôtres ont commencé leur ministère, ils n'ont pas formulé de systèmes ; ils ont prêché un fait, Jésus-Christ, et la nécessité de devenir par le baptême participant au bienfait de l'incarnation.

Dieu savait qu'il faut à l'homme, dans quelque état qu'il soit placé, plus que des idées, il savait qu'il lui faut des actes ; car si nous éprouvons le noble besoin de la vérité, nous éprouvons aussi le noble besoin de la vertu. Le christianisme donne à la fois satisfaction à ces deux aspirations. Là est sa puissance ; là est la dignité de son sacerdoce ; là est la seule explication suffisante de la prodigieuse et incontestée révolution qu'il a produite dans le monde.

Le christianisme, comme la religion naturelle, est donc un fait, ou, si vous le voulez, un ensemble de faits qui constituent un ordre nouveau.

IV.

Mais, Messieurs, les faits ont une propriété qui n'avait pas échappé à l'observation des anciens théologiens : ils sont essentiellement révélateurs ; ils ne sont pas la lumière ou la vérité, mais ils la transmettent à l'intelligence. Dès que je connais un fait contingent, je connais, avec plus ou moins de conscience, la pensée de la cause intelligente qui l'a produit. Ces deux connaissances sont mystérieusement et inséparablement unies comme la pensée et la parole. Je puis fixer mon attention sur l'une plutôt que sur l'autre, mais je ne puis les séparer. C'est pourquoi la création tout entière est une révélation divine ; elle est, dit Hugues de Saint-Victor, un livre écrit de la main même de Dieu ; elle nous manifeste sa sagesse aussi bien que sa puissance et nous invite à le louer et à le bénir. Je lis cette pensée, éternelle et immuable comme lui, dans un livre qu'il ouvre aujourd'hui devant moi et qu'il fermera demain. Le caractère opposé de l'idée et du fait, qui en est le signe, m'empêche de les confondre.

De là deux manières de connaître le monde : la première par le témoignage des sens ; cette connaissance est commune à tous, à l'ignorant comme au savant. Tous constatent l'existence des corps ; tous savent distinguer la lumière des ténèbres, les différentes formes et les principales qualités de la matière. Il n'y a rien de scientifique dans cette connaissance ; mais elle en engendre une autre plus excellente. Le physicien observe les phénomènes sensibles, et par cette observation il s'élève à la loi invisible qui les gouverne, c'est-à-dire au type éternel que contemplait le divin architecte, qui a créé le monde, et dont les phénomènes sont l'expression sensible, comme la parole est l'expression sensible de la pensée. Ce n'est pas le lieu d'établir la vérité de cette doctrine par de longs raisonnements ; nous pouvons jusqu'à un certain point la constater par l'expérience.

Messieurs, l'étude des sciences physiques, comme l'étude de toutes les autres sciences, a ses labeurs. La sentence portée contre le premier homme : Tu mangeras ton pain à la sueur de ton front, s'applique à la nourriture de l'intelligence comme à celle du corps. Toutefois si la fatigue est nécessaire pour la préparer, il n'en est pas moins vrai que nous éprouvons, en la prenant, un certain plaisir naturel. L'étude a ses peines, mais elle a ses jouissances qui sont pures et pleines de délices ; elles élèvent l'âme dans une région plus sereine et lui donnent une merveilleuse vigueur. Or, ces jouissances, quelle en est la source pour le physicien ? Pourquoi à tel moment les ressent-il, et pourquoi à tel autre son âme est-elle aride et fatiguée ? Faut-il les attribuer à la vue des phénomènes physiques, des couleurs, de la forme ou du mouvement de la matière ? Mais ces phénomènes ne sont inaccessibles à personne : l'ignorant comme le savant peut éprouver les sensations qu'ils produisent, et cependant l'ignorant demeure insensible. D'ailleurs le savant avait vu ces phénomènes ; il avait vu les mêmes couleurs, constaté les mêmes mouvements, entendu les mêmes sons, goûté les mêmes saveurs et il était demeuré froid. Tout à coup un éclair traverse son intelligence, son visage s'illumine, il est ému et transporté. Encore une fois, qu'a-t-il vu et qu'a-t-il éprouvé ? A-t-il vu une portion de matière ? a-t-il éprouvé une sensation grossière qui lui est commune avec les animaux ? Non, Messieurs, il n'y aurait aucune proportion entre l'effet et la cause. Il a découvert la loi, l'idéal qu'il cherchait ; une relation plus intime s'est établie entre la vérité et son intelligence, entre sa pensée et la pensée de Dieu ; une portion de cette vérité vivante, aliment naturel des êtres raisonnables, a touché son âme, et c'est pourquoi elle a tressailli.

Peut-être, Messieurs, me laissé-je trop entraîner à des pensées qui sont pour moi pleines de charme ; mais elles jettent de vives clartés sur le sujet qui nous occupe. Il existe, en effet, une analogie frappante, disons plutôt une admirable harmonie, entre le monde naturel et le monde surnaturel. Nous connaissons le second comme nous connaissons le premier, d'abord par une connaissance qui n'a rien de scientifique, qui est commune au théologien et au vulgaire : c'est la foi. Par elle, nous entrons en quelque sorte en possession de ce monde nouveau. Il est pour nous une réalité ; nous sommes certains de son existence. Mais si nous nous élevons ensuite par une réflexion attentive, à la pensée de celui qui l'a fait ; si nous recherchons les lois qui le dirigent, l'enchaînement qui en unit les parties, l'ordre dont il est la manifestation, la beauté qui l'illumine, la foi n'est pas détruite, mais elle devient le germe fécond qui donne naissance à une connaissance scientifique. Nous ne cessons pas d'être chrétiens ; nous devenons théologiens. C'est le sens de l'adage traditionnel : *Credere, deinde intelligere ;* croire d'abord, puis comprendre : la foi, puis la science.

Le théologien, aussi bien que le simple fidèle, croit à la divinité de Notre-Seigneur Jésus-Christ ; mais tandis que le second s'arrête à cette croyance, le premier fixe plus attentivement sa réflexion sur le dogme, objet de la foi commune ; il ne se contente pas de savoir qu'il existe, il veut connaître ce qu'il est ; il l'analyse, à l'aide des notions purement rationnelles de substance, de nature, de personnalité : il s'élève ainsi dans la région des idées ; il pénètre dans la pensée de celui qui a réalisé ce grand mystère ; il en recherche, selon la mesure de ses forces, les motifs, les convenances, les harmonies. Le christianisme n'est plus seulement pour lui un fait surnaturel, c'est la manifestation d'un admirable dessein, qui l'embrasse lui-même, et à la réalisation duquel il doit coopérer. Dans ce travail, le théologien et le philosophe se prêtent un mutuel concours, ou plutôt la théologie n'est qu'une philosophie appliquée à la connaissance scientifique du dogme catholique. La révélation chrétienne n'augmente pas le nombre des idées essentielles de la raison ; elle nous fait seulement connaître des faits nouveaux. Le surnaturel n'est pas l'ensemble des idées de Dieu, de nature, de personne, de fini, d'infini, de relation, d'acte, de vie, mais l'existence réelle de la sainte Trinité, de l'Incarnation, de la grâce, des sacrements. Le théologien est donc un philosophe chrétien étudiant le monde surnaturel dans la lumière des idées absolues, comme le naturaliste est un philosophe naturaliste étudiant la nature dans la lumière des mêmes idées absolues. La philosophie n'exclut donc pas la théologie ; ces deux sciences se perfectionnent l'une par l'autre. Si le théologien reçoit du philosophe les notions rationnelles dont il fait usage dans l'analyse du dogme catholique, il les lui rend perfectionnées par l'application qu'il en fait à des réalités d'un ordre supérieur. Il lui emprunte, par exemple, les notions d'acte et de vie ; mais combien ces notions brillent d'un plus vif éclat quand, au lieu de les étudier dans la vie végétale, dans la vie animale ou même dans la vie intellectuelle et morale de l'homme, il les étudie dans la vie de Notre-Seigneur Jésus-Christ, Dieu et homme, ou dans l'auguste mystère de la sainte Trinité, qui n'est que le mystère de la vie divine.

Pour ceux qui croient à la puissance de la vérité ou des idées, qui ne les regardent pas comme des états subjectifs de l'âme ou comme des conceptions imaginaires, la théologie, qui les conserve pures et intactes et qui les perfectionne, exerce sur la marche de la civilisation une influence que peu d'hommes soupçonnent, mais qui n'en est pas moins grande et moins efficace.

Et dans ce travail que nous venons de décrire, le théologien est libre aussi bien que le philosophe. L'Église n'intervient que pour protéger sa liberté et non pour la rendre captive, pour conserver et pour défendre le dogme sans lequel la science théologique serait impossible, puisqu'elle n'aurait plus d'objet. Son autorité dans l'ordre surnaturel répond à cette puissance qu'exerce sur nous la nature, c'est-à-dire Dieu, lorsqu'elle nous impose certaines croyances que nul ne peut rejeter sans se faire violence et sans porter le trouble dans sa vie intellectuelle. Ni l'Église ni la nature ne sont les ouvrières de la science ; la science naturelle et la science théologique sont l'œuvre de l'activité libre de l'homme, aidée toujours du concours de Dieu, sans lequel nous ne pouvons ni agir, ni penser, ni même exister.

Ainsi, Messieurs, la religion n'est pas une science, mais il y a une science de la religion ; de même le monde n'est pas une science, mais il y a une science du monde, et cette science religieuse, par l'excellence seule de son objet, est utile aux époques de civilisation plus parfaite comme à celles de l'enfance des peuples. J'oserai même affirmer qu'au siècle où nous vivons elle a une mission spéciale à remplir.

Dans une société envahie par le matérialisme pratique, la théologie doit contribuer à former des chrétiens vigoureux, dont les convictions soient plus éclairées et plus profondes, dont la religion soit plus personnelle et plus librement observée ; elle doit développer parmi nous de fortes individualités chrétiennes, qui, dans les desseins providentiels, sauveront un jour les sociétés elles-mêmes, où la personnalité semble s'affaiblir sous l'influence du scepticisme qui énerve les âmes. A des époques de grandes violences, les caractères grandissaient au milieu des luttes, des persécutions, et quelquefois au milieu d'effroyables calamités. Aujourd'hui que la force brutale a perdu une partie de son empire, les âmes doivent être fortement trempées dans des convictions inébranlables : l'énergie de la volonté doit avoir son principe dans les lumières de l'intelligence. Ce sera le triomphe de la vérité, du droit, de la justice, et, nous en avons la pleine confiance, du catholicisme. La théologie doit préparer ce triomphe : telle est sa mission sociale.

La science moderne est fière de ses découvertes; mais cette gloire n'est pas sans dangers. Si, trop préoccupée des phénomènes, elle détourne ses regards de l'idéal, qui est l'élément vraiment scientifique, elle s'expose à se laisser entraîner dans de déplorables erreurs et à s'éteindre peu à peu dans un matérialisme grossier. Pour se préserver de ce danger, elle a besoin d'être souvent ramenée à sa source, qui est Dieu. C'est le devoir du théologien. Plus que jamais il doit proclamer que le monde est l'œuvre d'un Dieu personnel et libre, que sa puissance a répandu dans l'univers les forces qui le meuvent et la vie qui l'anime, que sa sagesse le gouverne, que la véritable science doit initier l'homme à la pensée même de Dieu, comme l'industrie bien comprise l'associe à son œuvre dans la création. Telle est la mission scientifique de la théologie.

Puissions-nous comprendre cette glorieuse et utile mission ! Puissions-nous la remplir d'une manière qui ne soit pas trop imparfaite ! Puisse la théologie, redevenue florissante, affermir dans les âmes les convictions de la foi, former des chrétiens tels que les réclament les besoins de l'Église et de la société ! Puisse-t-elle éclairer les voies de la science dont notre siècle est fier à si juste titre, lui faire éviter les écueils et lui préparer de nouvelles conquêtes !

Monseigneur,

Nous connaissons le zèle de Votre Grandeur pour les sciences théologiques; elle les a cultivées avec cette force de volonté qu'elle porte dans toutes ses entreprises. C'est dans ces études silencieuses et solitaires qu'elle se pénétrait de l'esprit apostolique des grands pontifes de l'Église, et qu'elle se préparait, sans le savoir, à faire revivre leur glorieux pontificat. Aussi, Monseigneur, votre présence seule au milieu de nous est un précieux encouragement. Que Votre Grandeur me permette, au nom de la Faculté de théologie, de lui exprimer notre vive reconnaissance et de lui promettre soumission, respect et dévouement.

Ce discours a été écouté avec la plus religieuse attention et, plusieurs fois, le savant auditoire a donné des marques non équivoques de son adhésion.

Aussitôt après que M. l'abbé Hugonin a quitté la chaire, Mgr l'Évêque de Sura se lève, et s'adressant à Mgr l'Archevêque, donne lecture du rapport suivant :

MONSEIGNEUR,

C'est avec autant de respect que de bonheur que la Faculté de théologie reçoit aujourd'hui, dans cette enceinte sacrée, le premier pasteur de l'Église de Paris.

De votre autorité pastorale émane la mission spirituelle de la Faculté. Elle salue en vous son chef spirituel, le juge naturel de ses doctrines, mais en même temps son ami et son père.

Vous êtes le lien, Monseigneur, qui rattache la Faculté à l'Église universelle et à son Chef suprême. C'est par vous qu'elle participe à la vie divine qui circule dans ce grand corps, et dont notre unique maître et sauveur Jésus-Christ est la source éternelle.

Le devoir de la Faculté, comme sa gloire, est donc de rester toujours dans la plus étroite union avec le premier pasteur du diocèse, uni lui-même au Pontife souverain, et sa félicité a toujours été de trouver dans le premier pasteur un appui nécessaire et d'utiles encouragements.

Cet heureux accord, cette féconde union a toujours existé, Monseigneur. Qu'il me soit permis d'en rappeler, en peu de mots, le précieux témoignage.

Nous avons dans nos archives des preuves irrécusables de la haute importance qu'attachait à l'existence et aux travaux de la Faculté un prélat illustre, dont le nom reste à jamais le symbole de la douce piété, de la parfaite bonté, de toutes les vertus aimables, comme de l'honneur inviolable du caractère, Mgr de Quélen.

Son glorieux successeur, qui, au prix de son sang versé pour ses frères, a décoré le siége que vous occupez de la palme du martyre, Mgr Affre, avait conçu les plus grands projets en faveur de la Faculté; il aurait voulu lui rendre son ancien lustre et toute son autorité. Le moment marqué par la Providence pour la réalisation de vues aussi sages n'était pas encore arrivé.

Le pieux et zélé prélat qui recueillit la succession du saint martyr, Mgr Sibour, avait des pensées trop élevées et trop généreuses pour n'être pas l'ami de la Faculté. Il ne lui fut pas donné non plus de faire pour elle ce que lui inspirait son amour de la science sacrée.

Mais au moins il put, avec le concours du Chef de l'instruction publique, rendre à la Faculté ce sanctuaire qui lui appartient depuis tant de siècles et à tant de titres, ce sanctuaire qui a été rebâti pour elle par le plus grand des ministres, et qui est à jamais consacré par tant de pieux souvenirs.

Depuis cette mesure réparatrice, la prière publique a retrouvé ici sa voix; cette chaire a repris la parole; et Jésus-Christ est adoré tous les jours au milieu de ce glorieux domicile des lettres et des sciences humaines.

L'illustre cardinal qui a couronné une vie pure par une mort sainte, Mgr Morlot, se montra toujours d'une rare bienveillance envers la Faculté; et c'est lui qui voulut bien inaugurer par l'éclat de sa présence la reprise de cette modeste solennité qui nous réunit en ce jour et qui était abandonnée depuis tant d'années.

La Faculté, de son côté, s'est efforcée de répondre aux vues et à l'attente des premiers pasteurs.

Les limites dans lesquelles je dois me renfermer ne me permettent pas de mentionner, même en passant, les travaux de la Faculté depuis sa réorganisation. Je dois me borner au plus rapide aperçu de ce qui s'est fait depuis dix ans, depuis l'année 1854 [1].

Et d'abord quelle est la pensée qui préside aux travaux de la Faculté? Sa mission est double : elle doit enseigner et défendre la religion ; elle doit travailler au progrès des sciences théologiques.

La première partie de cette tâche est aussi utile, aussi grande qu'elle est difficile. Enseigner et défendre les dogmes, la morale, l'histoire, les lois de la religion dans le sanctuaire des lettres et des sciences humaines, et à côté de ces chaires où sont assis et où parlent leurs plus illustres représentants, c'est une entreprise aussi honorable qu'elle est ardue.

Comment la Faculté s'en est-elle acquittée depuis dix ans? Ce n'est pas à moi à louer ses travaux ; je dois seulement laisser parler les faits et les chiffres.

Le succès soutenu d'un enseignement pendant un temps notable, et au milieu des conditions difficiles et délicates où nous nous trouvons, est une preuve de son mérite qui me semble irrécusable. Or, pendant les dix dernières années, le chiffre total des auditeurs réunis de tous les cours s'est maintenu, en moyenne, entre huit cents et neuf cents. La Faculté a donc distribué pendant dix ans un enseignement sérieux et attrayant à un auditoire composé de huit à neuf cents personnes, et parmi lesquelles se rencontre une élite de jeunes esprits et d'esprits mûris par les travaux de la pensée.

Plusieurs parties, et de plus importantes, de cet enseignement de la Faculté ont été publiées par mes honorables collègues et sont devenues des livres.

---

1. On sait que ce fut en 1854 que la direction de la Faculté fut confiée à M. l'abbé Maret, aujourd'hui Évêque de Sura. (Note du secrétaire de la Faculté de théologie.)

L'accueil qui a été fait à ces livres, les hautes approbations qu'ils ont obtenues, me dispensent d'en faire un éloge qui me serait bien doux[1].

En constatant le succès de l'enseignement de mes honorables collègues, j'ai dû m'abstenir de prononcer des noms propres. Mais mes collègues m'applaudiront, j'en suis sûr, si je fais une exception à cette réserve pour un professeur qui n'appartient plus à la Faculté et qui, par ses brillants succès, comme par son dévouement charitable, a mérité, bien jeune encore, d'être élevé aux hautes dignités ecclésiastiques, Mgr Lavigerie, Évêque de Nancy.

---

1. Il est, au moins, convenable de donner ici la liste des ouvrages qui reproduisent l'enseignement de MM. les Professeurs et des publications qui s'y rapportent.

1° Mgr Maret, Évêque de Sura, Doyen :

Théodicée chrétienne; ouvrage recommandé par Mgr Affre, de sainte et glorieuse mémoire.
Dignité de la raison humaine et nécessité de la révélation divine; ouvrage honoré d'un bref de félicitation de la part de S. S. Pie IX, du 12 juin 1856.
Trois lettres à Nos Seigneurs les Évêques de France et à MM. les Professeurs de Louvain, pour la défense de ce livre, et où il est traité de l'origine du langage, de la révélation primitive, et de la nécessité de la révélation.
Examen du livre de la Religion naturelle de M. J. Simon.
Discours sur l'œuvre du théologien au dix-neuvième siècle.
Discours sur la situation de l'Église.
Éloge funèbre de M. Frère-Colonna, Chanoine de Paris, ancien Professeur d'Écriture sainte à la Sorbonne.
Lettre à S. S. Pie IX, du 6 août 1862. Le saint Père a répondu à cette lettre par un bref du 18 août 1862.

2° M. l'abbé Bautain, Vicaire-général de Paris, Professeur de morale :

La morale de l'Évangile, comparée aux divers systèmes de morale.
Philosophie des Lois au point de vue chrétien.
La conscience, ou la règle des actions humaines.
Étude sur l'art de parler en public.
M. Bautain a reçu un bref de S. S. Pie IX, du 26 novembre 1859.

3° M. l'abbé Bargès, Professeur d'hébreu :

Notice sur les Samaritains de Naplouse.
R. Jehuda Ben-Koresjch, Epistola ad synagogam Judæorum civitatis Fez, arabice conscripta, de studio Targum, etc. Textum arabicum ex unico Bibliothecæ Oxoniensis codice mss. nunc primum in lucem edidit notisque auxit J. J. L. Bargès.
Libri Psalmorum versio arabica à R. Yaphette-ben-Heli Bassorensi Karaïtâ edita, quam ad communem sacrarum litterarum et linguarum orientalium studiosorum utilitatem punctis vocalibus insignivit et latinitate donavit J. J. Bargès.
Le livre de Ruth, expliqué par deux traductions françaises, l'une littérale et juxtalinéaire, accompagnée de la transcription des mots hébreux, l'autre, correcte et fidèle,

La mission de la Faculté ne se borne pas à l'enseignement : elle doit travailler, nous l'avons dit, au progrès des sciences théologiques. Ici, il n'y a pour elle, dans sa situation présente, que des difficultés. Je ne puis pas les énumérer. Un seul moyen lui est donné d'opérer quelque bien, la collation des grades; et ce moyen lui-même est très-insuffisant, puisque les grades que la Faculté accorde n'ont pas la valeur canonique qu'ils pourraient avoir, et ne possèdent que leur valeur scientifique. Toujours nous avons reconnu cette lacune; toujours nous avons proclamé la nécessité de l'institution

placée au bas de chaque page, avec des sommaires, l'indication des racines et des notes à la fin du livre.

Mémoires sur la langues phénicienne :

Nouvelle interprétation de l'inscription phénicienne découverte par M. Mariette dans le Serapeum de Memphis; avec une planche.

Mémoire sur le sarcophage et l'inscription funéraire d'Eschmounazar, roi de Sidon; avec une planche.

Inscription phénicienne de Marseille. Nouvelle interprétation; avec une planche.

Papyrus Égypto-Araméen, appartenant au musée égyptien du Louvre, expliqué et analysé pour la première fois; avec deux planches.

Observations sur les inscriptions phéniciennes du musée Napoléon III, avec deux planches.

4° M. l'abbé Freppel, Professeur d'éloquence sacrée :

Les Pères apostoliques et leur époque.
Les Apologistes chrétiens au 2ᵉ siècle.
Saint Irénée et l'éloquence chrétienne dans les Gaules pendant les deux premiers siècles.

Deux brefs de félicitation ont été adressés à M. Freppel, au sujet de ces ouvrages, par S. S. Pie IX, le 15 juin 1861 et le 10 mai 1862.

Discours sur l'histoire de la Sorbonne.
Oraison funèbre du cardinal Morlot.
Examen critique de la vie de Jésus de M. Renan.

5° M. l'abbé Meignan, Vicaire-général de Paris, Professeur d'Écriture sainte :

Les prophéties messianiques.
Les rationalistes allemands : École de Tubingue.
Les rationalistes anglais : { *Les auteurs des Essays and reviews.* *L'Évêque Colenso.* }
M. Renan et le Cantique des Cantiques.
M. Renan réfuté par les rationalistes allemands.
Les Quatre Évangiles et la critique moderne (sous presse).

6° M. l'abbé Hugonin, Doyen de Sainte-Geneviève, Professeur de dogme :

Études des lois de la pensée, 2 vol.

7° M. l'abbé Perreyve, Professeur d'histoire ecclésiastique :

Entretiens sur l'Église catholique.

(Note du secrétaire de la Faculté.)

canonique; toujours nous avons fait des vœux pour que le haut enseignement théologique soit enfin complétement et définitivement constitué en France sur toutes ses bases naturelles.

Mais nos grades tels qu'ils sont, avec leur simple caractère diocésain, académique et scientifique, peuvent être encore, pour un clergé intelligent et généreux, un puissant stimulant aux études sérieuses. Nous l'avons pensé; nous avons fait appel à la bonne volonté. Cet appel a été entendu. De tous les points de la France, nos grades ont été demandés; et, depuis les dix dernières années, la Faculté a pu créer soixante-quatre bacheliers, quarante-deux licenciés et trente-trois docteurs. En tout, elle a donc donné cent trente-neuf grades [1].

Quoique peut-être, en commençant, nous n'ayons pas dû nous montrer extrêmement sévères, nous pouvons dire que les travaux pour l'obtention des grades ont été dignes de la Faculté. Il m'est impossible de donner la plus légère idée de ces travaux, de ces thèses qui traitent des sujets très-intéressants, très-importants et, autant que possible, en rapport avec l'état présent des esprits et de la science. Qu'il me suffise de dire que les thèses seules du doctorat, collectionnées, forment huit forts volumes et demi in-8° [2].

---

1. Reconstituée en 1808, la Faculté de théologie de Paris a traversé, jusqu'en 1854, des phases bien diverses. Si elle a eu de savants et brillants professeurs dont les noms sont une des gloires du clergé français au dix-neuvième siècle, et nous nous bornons à mentionner ici le vénérable M. Frère, Mgr Cœur, Évêque de Troyes, et Mgr Dupanloup, Évêque d'Orléans; si plusieurs des cours ont attiré un nombreux auditoire et laissé de précieux souvenirs, d'autres, au contraire, n'avaient pas lieu souvent faute d'auditeurs, et la collation des grades a été bien restreinte. Les documents officiels établissent que de 1808 à 1854, c'est-à-dire en un demi-siècle à peu près, il n'a été conféré qu'une soixantaine de grades; et, dans ce nombre, seulement cinq doctorats. (Note du secrétaire de la Faculté de théologie.)

2. Nous croyons utile de placer ici une notice détaillée sur une des parties les plus importantes des travaux que la Faculté a fait faire depuis 1854, les thèses pour le doctorat.
Nous allons faire connaître, année par année, les sujets et l'étendue des thèses, les noms des candidats et les diocèses auxquels ils appartiennent.

1854 : Thèse de M. l'abbé Bargès (diocèse de Marseille), sur le sujet de l'autorité dans l'Église.
    Thèse de M. l'abbé Lavigerie (Bayonne), série de propositions sur l'ensemble de la théologie.

Tel est, Monseigneur, l'état dans lequel vous trouvez la Faculté de théologie. Quelque bien s'y est fait; beaucoup de bien peut s'y faire. Son sort est entre vos mains. Elle attend tout de vos lumières, de votre zèle, de votre ardent désir de voir toujours le clergé de la capitale à la hauteur de sa grande et difficile mission. Déjà vous avez donné à notre Faculté des gages précieux, soit par des encouragements publics, soit en appelant au partage de votre administra-

1855 : Thèse de M. l'abbé Freppel (Strasbourg), série de propositions sur l'ensemble de la théologie.
Thèse de M. l'abbé Jacquemet (Paris), sur les fausses décrétales.
Thèse de M. l'abbé Cruice (Paris), sur le livre des *Philosophumena*, 146 pages.

1856 : Thèse de M. l'abbé Bourgeat (Lyon), sur les livres de Vincent de Beauvais; 231 pages.
Thèse de M. l'abbé Hugonin (Grenoble), sur l'ontologisme; 520 pages.
Thèse de M. l'abbé Regnier (Paris), sur l'interprétation allégorique de l'Ancien Testament; 81 pages.
Thèse de M. l'abbé Maricourt (Meaux), sur l'idée de Dieu; 47 pages.
Thèse de M. l'abbé Lagrange (Orléans), sur la controverse entre Celse et Origène; 194 pages.

1857 : Thèse de M. l'abbé Lecanu (Paris), sur les livres sibyllins; 152 pages.
Thèse de M. l'abbé Bourret (Viviers), sur l'origine du pouvoir, d'après saint Thomas et Suarès; 55 pages.
Thèse de M. l'abbé Duilhé de Saint-Projet (Toulouse), sur la science sacrée en France, au 17ᵉ siècle; 106 pages.
Thèse de M. l'abbé Fabre (Paris), sur la juridiction contentieuse dans l'Église; 108 pages.
Thèse de M. l'abbé Davin (Lyon), sur la morale sociale de la Bible; 217 pages.

1858 : Thèse de M. l'abbé Anglade (Saint-Flour), sur la controverse eucharistique au 11ᵉ siècle; 153 pages.
Thèse de M. l'abbé Bordier (Paris), sur le catéchuménat dans l'Église pendant les premiers siècles; 154 pages.
Thèse de M. l'abbé Blampignon (Paris), sur les sermons de saint Bernard; 217 pages.
Thèse de M. l'abbé de Cassan-Floirac (Paris), sur le rationalisme ; 198 pages.
Thèse de M. l'abbé Goux (Toulouse), sur le développement des dogmes dans la doctrine catholique; 142 pages.
Thèse de M. l'abbé Jallabert (Paris), sur Hermas et Simonidès; 124 pages.
Thèse de M. l'abbé Petit (Lyon), sur le témoignage des martyrs; 98 pages.
Thèse de M. l'abbé Roche (Viviers), sur la controverse entre saint Étienne et saint Cyprien; 93 pages.

1859 : Thèse de M. l'abbé Badiche (Paris), sur saint Bernard et son influence; 100 pages.
Thèse de M. l'abbé Bayle (Marseille), sur les écrits de Prudence; 155 pages.
Thèse de M. l'abbé Charpentier (Versailles), sur les lettres de saint Cyprien et l'Église de Carthage; 102 pages.
Thèse de M. l'abbé Martin (Strasbourg), sur saint Vincent de Lérins; 88 pages.

tion un de ses membres les plus aimés [1] et en remplaçant un nom illustre, un nom qui sera toujours son honneur [2], par un nom non moins illustre et qui lui promet un éclat aussi beau [3].

L'appui décidé, bienveillant, puissant des ministres de l'instruction publique n'a jamais manqué à la Faculté. Notre devoir est de le reconnaître, de le proclamer, et de payer un juste tribut de gratitude aux dépositaires de la confiance et de l'autorité de l'Empereur.

Ce concours, Monseigneur, ne vous fera jamais défaut. L'amour éclairé du bien qui anime M. le Ministre de l'instruction publique et l'autorité académique sont le gage assuré de ce concours, qui deviendra fécond, nous osons l'espérer.

Monseigneur, au jour où nos prédécesseurs et nos pères, les théologiens de Paris, célébraient la fête de la vierge martyre, patronne de cette église, et quel plus beau symbole de l'âme du théologien que celui d'une vierge martyre ! de tous ces autels, de tous les points de ce temple, s'élevait vers Dieu cette prière :

« *Da veritatem caste quærere, fortiter tueri, et in caritate facere* [4]. »

Oui, mon Dieu, donnez-nous à tous la chasteté de l'esprit, ce pur amour de la vérité qui doit être l'unique objet de tous nos travaux. Revêtez-nous de force pour défendre cette vérité, en nous faisant

---

1860 : Thèse de M. l'abbé Bourquard (Besançon), sur les principes de la morale chrétienne; 106 pages.

1861 : Thèse de M. l'abbé Perreyve (Paris), sur les caractères de la véritable Église ; 368 pages.

1863 : Thèse de M. l'abbé Dourif (Clermont), sur le stoïcisme et le christianisme, 320 pages.
   Thèse de M. l'abbé Loyson (Troyes), sur le mariage chrétien; 87 pages.
   Thèse de M. l'abbé Barral (Montpellier), sur saint Athanase et ses œuvres; 202 pages.

Les soutenances de ces thèses ont été satisfaisantes, souvent très-brillantes, et ont attiré toujours un nombreux concours du public.
(*Note du secrétaire de la Faculté de théologie.*)

1. M. l'abbé Meignan.
2. M. l'abbé Bautain.
3. M. l'abbé Gratry.
4. *Missale parisiense*, in festivitate B. Ursulæ et sociarum.

comprendre que la modération est aujourd'hui la plus grande des forces. Donnez-nous enfin que cette vérité devienne dans nos cœurs amour et vie !

Tels seront, Monseigneur, les fruits des bénédictions que vous allez répandre sur les professeurs de la Faculté.

Mes honorables et chers collègues se montreront toujours fidèles à cette devise de nos pères que je viens de rappeler ; ils se montreront toujours les dignes successeurs des théologiens de la grande École de Paris.

L'attention de l'auditoire, vivement excitée par ce rapport, était la preuve de l'intérêt qu'il porte à la Faculté et à ses travaux. Cette vive attention exprimait aussi qu'il savait apprécier l'habile et savante direction qui a imprimé à la Faculté une impulsion heureuse et féconde.

Cette lecture étant terminée, Mgr l'Archevêque a pris la parole et improvisé une allocution, que nous reproduisons avec toute la fidélité que peut permettre la mémoire des auditeurs :

Messieurs,

Avant de bénir cet intelligent et sympathique auditoire, je veux vous remercier d'être venus en si grand nombre à cette cérémonie et d'avoir donné à la Faculté de théologie une marque aussi éclatante de religieuse estime. Je veux remercier aussi le digne professeur qui a si bien exposé la nature et la portée de la théologie et qui nous a dit, dans un langage plein de distinction, comment il comprenait cette grande science. Je veux remercier surtout le vénérable doyen de la Faculté de théologie de tous ses efforts, couronnés déjà par d'importants succès, pour faire revivre dans son ancienne gloire l'enseignement théologique de la Sorbonne. Mgr l'Évêque de Sura a bien voulu reconnaître, tout à l'heure, que je ne me regardais point comme désintéressé dans ce qui se fait ici. Non, Messieurs, je n'y suis point étranger; je voudrais même y prendre une large part; je voudrais que les espérances d'avenir qu'on a si bien exprimées pussent se réaliser sous mon épiscopat. Je ne manquerai pas de donner aux professeurs qui se dévouent ici à l'enseignement public les meilleures marques de mon estime et de mon affection. Je suis très-heureux de profiter de cette occasion pour décerner aujourd'hui à l'un d'eux un juste et solennel témoignage de distinction : les travaux et l'éclat de l'enseignement de M. l'abbé Freppel le désignent à l'estime générale et à ma considération; je suis heureux de le constater et de le faire voir, en nommant M. l'abbé Freppel chanoine honoraire de Notre-Dame.

Je voudrais maintenant confirmer en deux mots quelques-unes des vérités renfermées dans les discours que je viens d'entendre. Le professeur qui a parlé du haut de la chaire nous a dit la belle mission de la théologie. Eh bien! je rappellerai aux ecclésiastiques qui sont présents l'estime dans laquelle ils doivent tenir cette science divine. D'abord toute science vraie nous est chère, parce que celui qui est à la fois notre maître et notre Dieu, Jésus-Christ, est le Verbe, c'est-à-dire la raison substantielle, la science et la sagesse absolues, le principe, au sein du monde matériel, de l'ordre, de la beauté, du poids et de la mesure, et la source, au sein du monde intellectuel et moral, de la vérité qui éclaire les hommes et qui les affranchit de l'erreur et du vice. Ensuite la théologie, qui est la science de Dieu, est particulièrement nécessaire au prêtre : c'est l'Écriture elle-même qui le dit, et c'est ainsi que l'Église l'entend et l'explique par la voix de ses conciles et de ses docteurs. Du reste, un prêtre ne se sauve et ne sauve les autres que par la science; l'ignorance ne recommande personne, et la science, au contraire, finit par s'imposer et dominer. Le pouvoir appartient à l'intelligence.

Ah! je le sais bien : ce sont des ignorants qui ont changé le vieux monde; ce sont des pêcheurs illettrés que Jésus-Christ a chargés de publier et de répandre son Évangile. Oui; mais il ne les a pas envoyés tels qu'il les avait choisis : il les a d'abord rendus savants; il les a touchés de sa lumière, remplis de sa sagesse, et transfigurés par la doctrine comme par le zèle et la charité. Et qu'ignoraient-ils, après tout? qu'ignoraient ceux qui les ont suivis, prêtres, pontifes et docteurs? Eh bien, nous sommes les héritiers de ces conquérants; nous occupons leur place, et nous avons la prétention de ne point abdiquer, mais de rester, bon gré mal gré, sur le terrain si fécond de la science sacrée.

On dit qu'il n'y a rien de commun entre la science et la foi : mais c'est tout le contraire; par le développement logique du vrai, quiconque étudie avec un esprit droit et un cœur sincère, est appelé tôt ou tard à rencontrer la foi sur son chemin. C'est un sage qui l'a dit : « Un peu de science éloigne de la religion, beaucoup de science y ramène. » Comment, Messieurs, serions-nous, comment pourrions-nous être les ennemis de la science? Nos aînés et nos modèles, depuis saint Paul jusqu'à Bossuet, théologiens, docteurs et orateurs, ont tenu le monde attentif et suspendu à leurs lèvres par la grandeur de leur doctrine et le charme de leur parole : ils ont rempli la terre du bruit de leur enseignement. Faudrait-il ici dire tous leurs noms? Ces noms, Messieurs, rappelleraient l'histoire de la civilisation tout entière, les étapes de l'esprit humain, dix-huit siècles de progrès en Europe.

Dans ce siècle d'application des sciences et des arts au bien-être des sociétés, on estime peu la science abstraite et sans influence sociale. Eh bien! Messieurs, la science de nos aînés n'a pas été une vaine abstraction. Ce caractère la recommande à vos yeux comme aux nôtres. Les théologiens dont je parle ont, par leur doctrine, résolu pratiquement les problèmes menaçants qui se dressaient devant eux. Le monde romain, au moment de l'invasion des barbares, se demandait avec effroi comment il échapperait à la brutalité de tous ces vainqueurs grossiers et féroces. Et je voudrais bien savoir ce que ni auraient répondu mes contemporains qui le prennent de si haut avec la théologie, eux si embarrassés de trois cent mille hommes qui demandent du pain et un peu de place sur le sol de leur pays. Car ils ont eux-mêmes des difficultés à résoudre, des problèmes posés par toutes ces excitations et ces convoitises que fait naître et développe une science où, laissez-moi le dire, il n'y a pas assez de théologie.

Eh bien, les théologiens nos aînés ont sauvé le monde romain. Des moines désarmés, des prêtres qui n'avaient que leur humble parole, des évêques qui ne portaient qu'une croix dans leurs mains, ont tenu en échec des armées entières, défié et vaincu toutes ces hordes qui étaient en marche depuis quatre siècles dans les forêts de la Germanie et qui faisaient trembler Rome au bruit lointain de leurs pas. Nous avons lutté contre eux, et nous les avons domptés, baptisés, civilisés. Puis nous avons, avec eux, défriché le sol; nous avons ouvert leur intelligence, dilaté leur cœur; et quand nos convertis ont suffi à la direction de leur vie et qu'ils ont pu marcher seuls, nous nous sommes tenus à l'écart et avons applaudi à tous leurs progrès. Eh bien! nous ne faisons aucune difficulté de le reconnaître, hommes de notre temps, vous avez bien marché; mais nous persistons à dire que nous ne sommes pas étrangers à vos succès. Nous connaissons notre temps, et nous en sommes; nous connaissons notre pays, et nous voulons en être. Votre gloire est aussi la nôtre : car tout ce qu'elle renferme de durable et de solide est le développement des principes chrétiens que nous vous avons enseignés; c'est l'œuvre de Dieu, et nous y appartenons corps et âme.

Laissez-moi donc affirmer que nous ne nous désintéressons point de la science, ni de ses applications au bien-être du pays; nous bénissons les travaux utiles qu'elle entreprend, nous consacrons ses étonnants et glorieux résultats.

Mais je m'oublie peut-être, et le développement de mes pensées me mène plus loin que je ne croyais aller. Et pourtant il fallait bien vous dire que les actes et les pensées de nos aînés réglaient encore nos actes et nos pensées. Ils ont aimé la science, et nous l'aimons aussi; ils l'ont aimée spéculative, ils l'ont aimée pratique, ils l'ont aimée pour Dieu, ils l'ont aimée pour les hommes et leur pays. Nous l'aimons ainsi. Ils ont fondé les institutions savantes qui ont fait l'éducation de l'Europe. Les premières écoles se sont groupées autour de la maison épiscopale et des cathédrales. Ce sont eux qui ont établi les universités sur la large base des sciences, des lettres, des arts et de la théologie : à leur exemple, nous n'excluons aucune branche du savoir humain; loin de là, nous professons pour les sciences et les arts une juste estime. Seulement, quand les universités sont devenues par nous l'asile de tout savoir, quand la science profane a pu se suffire à elle-même, nous nous sommes renfermés, sans dédain comme sans dépit, dans la science religieuse, dans les facultés de théologie et dans nos séminaires, non point pour y maudire ou bien y combattre le progrès, mais pour le réaliser mieux dans la sphère qui nous est spécialement dévolue.

Ne croyez pas, Messieurs, que cet enseignement à deux degrés, celui des séminaires et celui des facultés, constitue des écoles où l'esprit soit, pour ainsi dire, muré et comme parqué dans une étroite théologie. C'est de cette double école qu'est sorti ce grand clergé français du dix-septième siècle qui marcha à la tête de tous les clergés de l'Europe, et qui, lorsque Louis XIV précipitait son siècle dans la gloire, ne fut trouvé inférieur à aucune des grandeurs de cette mémorable époque.

Tels sont nos aïeux et nos aînés, que nous voulons continuer. Nous leur appartenons et nous vous appartenons. Nous voulons tendre une main fraternelle aux hommes de ce temps, et, comme au moyen âge, comme sous Louis XIV, amener nos frères avec nous au pied des autels, nous unir dans la science et dans la foi, ne former tous qu'une famille intellectuelle et morale, comme nous ne faisons qu'une famille nationale. Nous voulons rester chrétiens et Français, comme à Tolbiac, comme sous Charlemagne et saint Louis, comme aux plus grandes époques de notre histoire.

Ainsi, Messieurs, il n'y a pas de science plus vivante et plus utile que la théologie, la grande inspiratrice de tout ce que je viens de rappeler; par elle le présent se rattache à un glorieux passé.

Il n'y a pas non plus de science plus haute; il n'en est pas de plus noble et d'une plus belle économie. C'est ce que je veux faire remarquer aux laïques distingués qui se pressent devant moi. Nul homme au monde ne peut passer à côté d'elle avec dédain. L'esprit s'abaisse quand il ne compte pas avec les grandes choses dont elle traite; il se développe et s'ennoblit quand il cherche à sonder les problèmes qu'elle pose et quand il se conforme à la méthode qu'elle emploie.

Il y a trois opérations dans l'esprit humain, trois manières de contrôler les choses qui lui sont présentées. Si c'est un fait, il examine les témoignages. Il y a dans la vérité historique une force qui subjugue tous les esprits. Or, la théologie considère d'abord la religion comme un fait. Par ce côté, c'est une école de critique historique qui passe en revue les événements les plus considérables et important le plus à l'humanité.

A côté du procédé historique et critique, il y a le procédé philosophique. C'est la raison qui, prenant l'idée dans sa nudité, la regarde, et se demande si elle soutient le contrôle d'un esprit juste. Eh bien! nos dogmes supportent admirablement l'examen. Ils l'ont appelé et soutenu depuis dix-huit siècles. Vous les avez soumis au choc, comment dire? au critérium de toutes les sciences : ils y ont résisté, ils s'affirment encore et courbent les esprits attentifs devant leur irrésistible vérité.

Le troisième moyen de contrôle, c'est la pratique; parce que la vie n'est pas une théorie, mais un acte. L'homme est dans le monde surtout pour agir, et nous ne valons quelque chose que par ce que nous faisons, que par les mérites de notre vie. Les vérités de la religion soutiennent, plus que toutes les autres sciences, l'épreuve et l'application de la pratique. Réalisées dans la vie, elles ont produit la civilisation, les grandes institutions qui couvrent l'Europe et les transformations diverses dont vous êtes les admirateurs et le produit. Vous poursuivez cette œuvre, Messieurs; mais ce n'est qu'en vous aidant du christianisme que vous pourrez heureusement l'achever.

Eh bien! à ces trois titres, au triple point de vue de l'histoire, de la philosophie et de la civilisation, pourquoi ne prendriez-vous pas à cœur l'étude de la théologie et ne lui donneriez-vous pas une partie de votre temps? Pourquoi n'étudieriez-vous pas notre histoire, notre dogmatique, notre morale? Pourquoi n'étudieriez-vous pas la science qui explique l'origine de l'homme, lui dit le terme où il tend, et comment il y doit arriver? Enfermés pour quelques années dans ce monde, pouvez-vous consentir à ignorer ce que vous avez à y faire? Il est des questions qui troublent l'esprit humain et qui s'imposent : Où va l'homme? que devient-il? quelle est sa loi dans le monde et sa destinée au delà du tombeau? Ces problèmes qui sortent de tous les incidents de l'existence, qui apparaissent à tous les horizons de la vie, qui reviennent quand on les chasse, qui fatiguent quand on les évite, pouvez-vous négliger de les résoudre quelque jour? L'ajournement ou le dédain des grandes questions n'est pas digne de l'homme : sa gloire est de les regarder en face, de les résoudre, et de conformer sa vie aux conséquences d'une religieuse conviction. La dogmatique pose et résout les grands problèmes. La morale en déduit et en règle les conséquences pour la conduite de chacun.

Mgr l'Évêque de Sura, parlant des diverses branches de l'enseignement de la Faculté, a appelé l'attention sur l'histoire ecclésiastique. Eh bien! j'insisterai sur ce point. L'histoire est peut-être la manière d'enseigner la plus lumineuse. Il y a peu d'esprits qui abordent la vérité seulement par le côté métaphysique. La grande partie du genre humain veut que la loi apparaisse dans les faits et d'une manière concrète, que l'idée parle et agisse : ainsi dramatisée, elle est un grand enseignement. Et quelle plus grande histoire que celle de l'Église! Elle n'est pas, en effet, le récit d'agitations stériles, mais le développement, dans les faits, d'une idée qui a conquis le monde, et qui promet d'y rester envers et contre tous.

Laissez-moi donc vous redire en finissant, Messieurs les professeurs de la Faculté de théologie, combien j'applaudis à vos efforts pour le progrès si désirable, si nécessaire, des sciences théologiques, et le cas que je fais des grades que vous avez remis en honneur, des grades que vous conférez, et qui sont, au moins, le signe et la récompense du savoir, en attendant qu'ils jouissent de tous les priviléges que l'Église peut leur accorder. Laissez-moi vous dire combien je suis heureux du succès de votre enseignement et de voir constater par des chiffres exacts, officiellement recueillis, le nombre considérable d'auditeurs qui se réunissent autour de vos chaires, attirés par la solidité de la doctrine et l'attrait de votre parole.

 Je voudrais voir se presser de plus en plus dans vos salles l'élite de cette jeunesse intelligente qui peuple Paris : c'est elle qui aura la main dans les affaires publiques, elle qui tiendra l'épée, elle qui rendra la justice, elle qui traitera un jour les grands intérêts de l'État. Comme je voudrais voir les enseignements qui ont fait, aux grandes époques de notre histoire, des esprits si vigoureux et des cœurs si nobles, pénétrer dans les intelligences les plus élevées de ce pays et le maintenir à la place qu'il s'est faite parmi les peuples! On peut dire, en effet, sans exagération patriotique, que la France est la tête et le cœur du monde. Il me semble que la générosité qui nous pousse aux entreprises difficiles, le courage qui nous les fait conduire à bonne fin, notre élan sur le champ de bataille, notre dévouement au progrès universel, que toutes ces vertus sont le signe providentiel d'une grande destinée. Cette destinée, c'est de servir de plus en plus efficacement la cause des idées généreuses dont la France a toujours été le représentant et que la religion consacre. Cette cause, c'est la revendication, pour nous et pour les autres, du droit sur la force, de la vérité sur l'erreur, du bien sur le mal; c'est, Messieurs, le triomphe de l'idée chrétienne dans le monde. La cause de la France a été longtemps celle du christianisme : *gesta Dei per Francos;* malgré des apparences contraires, il en sera toujours ainsi. Puisse l'étude de la religion dans la Faculté de théologie de Paris contribuer à faire comprendre l'indissoluble union du christianisme et du progrès, de la gloire nationale et de la religion! Ce sera votre gloire, Messieurs les professeurs; ce sera aussi la vôtre, hommes d'élite qui composez aujourd'hui cet auditoire et qui formerez demain celui des cours de théologie.

Il serait difficile de rendre l'émotion de l'auditoire et la profonde sympathie qui ont accueilli les paroles du vénérable prélat. Un journal a dit avec raison « que l'enthousiasme des auditeurs aurait éclaté par de vifs applaudissements, si la sainteté du lieu l'avait permis. »

La Faculté gardera un éternel souvenir des encouragements qui lui ont été adressés, des vœux qui ont été formés pour elle.

Ainsi s'est terminée cette solennité. Chacun en se retirant exprimait hautement la satisfaction que lui avaient donnée les généreuses et éloquentes paroles prononcées par Mgr l'Archevêque, le savant discours de M. l'abbé Hugonin et le compte rendu des travaux de la Faculté par son vénérable Doyen.

Le concours qui s'est produit pour cette belle cérémonie, le contentement général qui s'est manifesté, les sympathies ardentes qui ont éclaté, ont été pour la Faculté, une précieuse récompense de ses travaux. Dans l'impression ineffaçable de cette journée, elle puisera de nouveaux motifs pour de nouveaux efforts qui seront couronnés, nous l'espérons, par de nouveaux succès.

Le Secrétaire de la Faculté de Théologie :
L'Abbé G. BAZIN
Chanoine honoraire.

www.ingramcontent.com/pod-product-compliance
Lightning Source LLC
Chambersburg PA
CBHW060910050426
42453CB00010B/1635